1

			8			9	5	7
		[illegible]	[illegible]	[illegible]	[illegible]	[illegible]	[illegible]	[illegible]
		[illegible]	[illegible]	[illegible]	[illegible]	[illegible]	[illegible]	[illegible]
2	6			5			4	3
	9		3			1		5
	3	4			7	6		
9				8	1	5	6	
4		8	2			3		
6		2	5	7				

2

3	9	8			6	7		2
2	4		9	3			1	
6			8			3	9	
	6	9		8			3	1
	3		5					6
4					9		2	7
8		6					4	
	5	4	6		8	2		
9			1	2	4			5

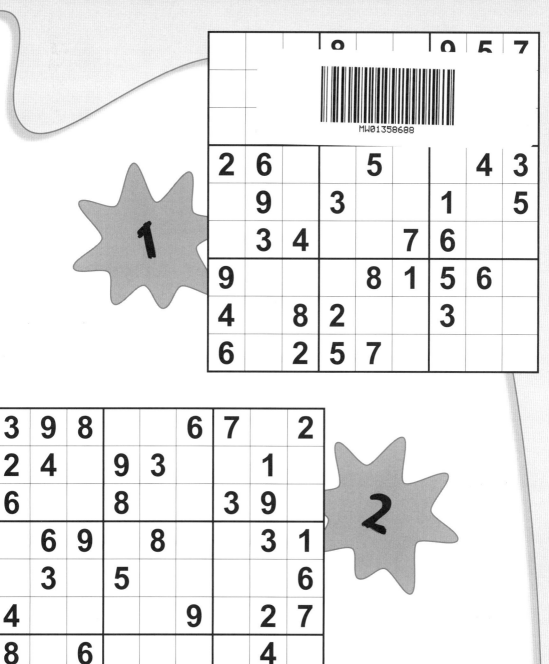

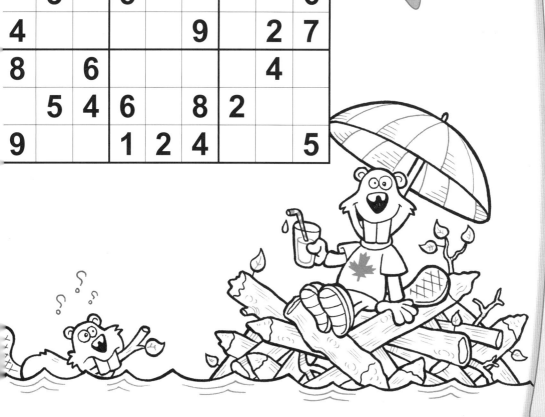

3

9		4			2		1	7
	8		6	5		3		9
2		3			9	4		
	9			6			7	4
	4		7	2	5		6	
3		6		9	1		5	
	1	7						5
4			5	8	6			
8	3		9			6		2

4

9	4			6			2	
6			7		8	9	4	3
			9			6	8	
	6	2		7		4		8
8			4	5		2		
	7					3	5	9
	1	6	8	4	7			
2	5	4			6		3	
	8		2		5			4

5

	7	3	4				2	5
5		2		6	7			4
4	6		5		2		7	1
3		8		7		5		2
	4		1		3			
	2	1		8	5		6	
			3					9
9		6				1	2	
1	8	4	2					

6

6						2	7	
		7	3	6	9		8	
	5		7	8		1		
		4	3	5	1	2		
7	5	9		4		8		
3			8	2		9	5	
	6		2			7		9
7		3		1	9			
9	4				3	8		1

7

	4				8		1	2
7	6	8	2	1				
	1		9		4		3	
	3	4	1	8				7
	8		3	7		4		5
9		7				3		1
			3	2	8			6
5		6						
8			6	9	1	2		4

8

5		4		1		2		8
			5	9	8		6	4
7				2				
	3		2	5			1	
8	5		7		9		2	
	9	2		4	1	5		
9					5	3		2
	7		6	8			4	1
3	1					6	7	5

	5			8	1	4		
8					2			1
		1	3			5	8	
		8		3		2	9	5
5			1	9		3		6
9	3				5	8		
1		3	2	6	9			
		9	4				2	8
	4		8	1			6	3

9

				2	4		7	1
		4	1			9	6	8
	7	5	9		6			4
	4	3	5			7		
7				3		6	2	
6		2				8		3
	3		6	5	7		9	
2	6			4		3		
5	1	7			3			

10

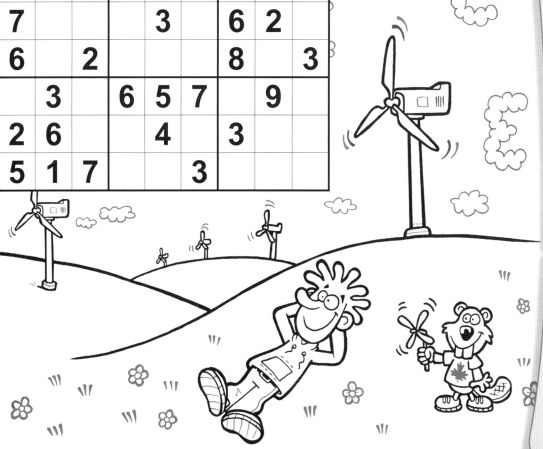

11

			8		6	4	2	9
	2		1		3			
				4		7	3	1
4	6		5				7	
		3		6	8		1	5
8	1			2		3		
2		9			4	8		
6		8	7	9				3
1		7		8			9	2

12

1		9					2	3
		4		3		9		7
2	3			7		5		1
			6		4	2	7	9
	8	6			2	3		
			3	1	5			8
	9	3	1	4			5	
7			9			1		
8	4	1	5		3			

13

6		2	7	5	3			
				4		2	6	5
4		5					1	
9			6				7	3
2	5			9			4	
3					4	1	2	
	8				1	7		2
	3	6	2	7	5			4
	2		4			6	5	1

14

		9			3		5	7
	7	2				6	1	
6	1		2	5		4		
		5		4	8	1		9
		4	9	7	5	8		2
9			3	2				
	5	7	8	1			2	4
2	6					3		
4			7	3		5		

15

					7			5
	1	8	5		2			
	3					4	7	2
	8		6	7		3	5	4
			9	5			2	7
5	4				3		1	
		1	4			5	6	
		2	1	9	6	7	3	
8		6	7	3				1

16

9	7						8	
8		5		7	1	9	2	
	3	1		8			6	
			5	4				2
	5	9	8		6	3		4
	8			3		5	7	
	1			6	8			
5	9	7			2		4	8
			4	9			3	7

17

	5			7				9
1		7	9				2	
	6		4			1	7	5
	3	4		5		8	6	2
8			2		6			3
		5		8	4			
		8	5			2		6
	9	3	8				7	1
2			7	1		3	8	5

18

	5	8	3	7				1
9	4					5		
1		7		9	5	2		
8				6	4			9
5		1	8		3	7		6
		6	7	1		2		
					2	9		8
	2	5		3		7	1	
3			1	4		5		

	4			2	1		5	6
1	2					9		
		6	9	3		1		4
		3		9		5	4	1
7		1	6			3		9
4					3	6	7	
	8	2	1	5	7			
5			2		9		1	
6		7	3	8				

19

20

7			2					4
	6		7		1	3	2	5
		3		9	6		1	
1	3			7				6
		2	8		5	1	7	
	7	8		2			4	
	8			5			9	1
	9	6		1	2	7	3	
3	1		6			4		

21

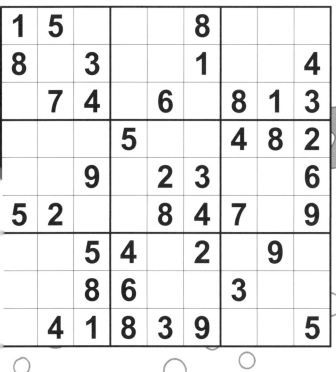

4	9		7		6		3	
3			1	4				7
				3		4	2	6
7	5				1	3	4	
	3	9		5				2
1			2		3	7		
		8	9		2	6		3
9		1	3				8	
	7	3		6		9		

22

1	5				8			
8		3			1			4
	7	4		6		8	1	3
			5			4	8	2
		9		2	3			6
5	2			8	4	7		9
		5	4		2		9	
		8	6			3		
	4	1	8	3	9			5

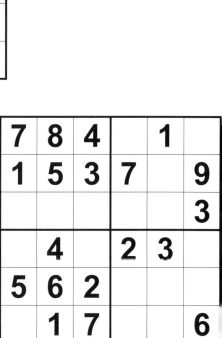

1			3	5			4	
	9		6					5
		5			8	6		9
6	5				7	1		3
2				6	1		8	
		1	2	9		4		6
		6	9		4		7	
9				3		8	6	4
	3	8	7		6		9	1

23

24

		3	7	8	4		1	
			1	5	3	7		9
1		5						3
6	5			4		2	3	
3	1		5	6	2			
4	2			1	7			6
	3		9			1		
7			4				8	2
	8	2			1		5	

25

	9		5				2	3
6	5		9	7				
		1		4	6		7	
1	6		2		8	5		
	8	2				9	1	6
		9	1	6		4		
			6	2	5	3	4	
3		6					2	8
2				1			6	9

26

3		7			9		1	2
	9						6	5
6			1	3	2			
		3	2	6		1		4
		5	3			7	2	
1		4				6	5	
			8	7	1	2	4	6
4	7			2	3	9		
8	1		9			5		

27

6	5			1	4		7	
2			3		6			4
			2	7		6	3	
	9	1	7		2	4		
4			5				8	9
3	6		4				5	1
		9	6			8		
5			6	4	1			7
	4			3	8		9	6

28

	8			2			1	4
2			3	1			9	5
				8	6			
			6			4	8	9
8	5		2				6	7
	6	3			7	1		
		8	1		2	9	4	6
1	9		4	5		2		
6	2		8	9		5		

29

9				1	3	2		7
	7	4			2		5	
	3			7		1	6	8
			2	9		6	7	
7		9	3			8	1	
8	4					3		
5		2	7	3	1		9	
	1	7	9	8		5	3	
4		3						

30

8	7	3		5			6	
1			3	6	7		9	
6					1			4
	9			4		3		
5	3		9		2	4	1	
	4	6		8				5
			5	1		6		3
3	6			9				7
		2			6	8	5	9

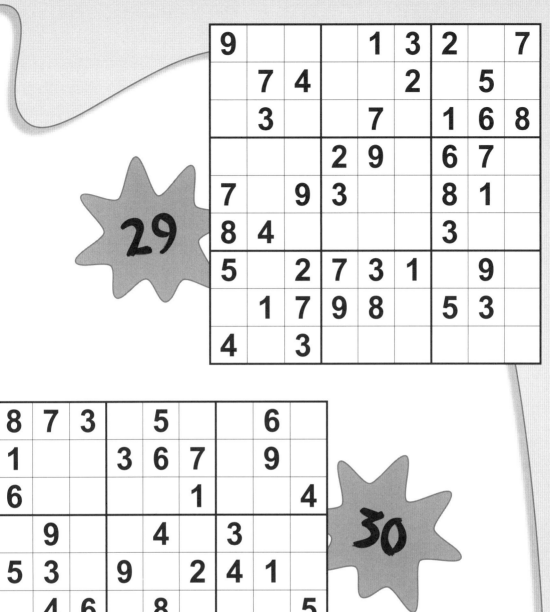

31

		5		6		9		
	8	9		2				6
2	6	1			3	8	4	
		4		9	2	1	7	
	9		8					
5		2	3			4		9
		4	6		5			1
9		6	1			2	4	
	5		9		2	7	6	

32

		8	9		7	6		
	6	2	4		5		3	
7	4			3				
2	9		3			1		7
		4		5	9		2	3
8	7			4		5	9	
1			5		3		8	
	3			6	1	2		5
			2	9			6	

33

	1			6		2	7	
5		3		1	9		6	
	6	4	2		3	1		5
		2	8					7
3	5				2			1
	7	8		3		5		2
9		1			7		5	8
2	8					4		
		5	1	4	8	7		

34

	4		3	6	9	7	8	
3		9	8	2		4		
	2	8			4			
2	5				8			7
9	3							4
8		7	2		6	5	3	
4	9				5	2	7	
5					2	1		8
			1	7			4	

35

			1	9		8		6
	2	5			6			3
	6		3			5	9	7
3		7		8		2		4
8			2		4	3		
	4			5			1	
5		4	6	3		7	8	
		9		7		4	3	
7	3	2	4					

36

		8	9				1	2
			6			7	5	
2			7	1	3		4	
1	4	9				3		7
		3		9	7	1		
		7		4	1	9	2	5
	1		2	7	8			
8	6	5			9			
9			1		5			8

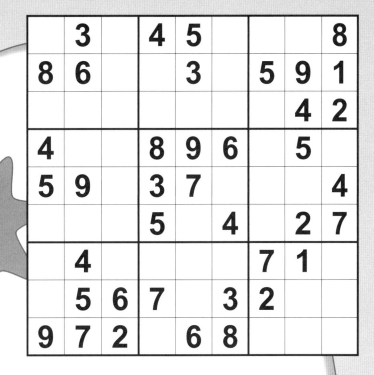

37

	3		4	5				8
8	6			3		5	9	1
							4	2
4			8	9	6		5	
5	9		3	7				4
			5		4		2	7
	4					7	1	
	5	6	7		3	2		
9	7	2		6	8			

38

		3	2	4		5		6
	9		3	5		7		
5				7		1		
			7	1		6		
7	6		5	8				9
8	2	9				1	5	7
3	5				8			1
		8	9		3			4
9				6	1	3	8	5

39

	2		5			8	9	
8	5		4	7				2
		1		2	3	5		4
1	8		9	5	2			
	9	7	1				4	5
		2	6			1		9
3		9			6	7		
7				8				6
	6	8		9	5		3	

40

	7		2		8			5
4	6	2	5	1				9
	3						1	4
1	9				2	8		
	2			6		9	4	
5			8			2	7	1
		7	3	5	1		9	
			2	7	6			8
2	1	9			4		3	

41

9	1		7					6
4			1			7	9	
		8		6	9			3
3	9		5	4			7	
		5	3	2			8	
		7			1	3	5	
	3				2	8		5
	2		4	5	6		3	7
7		9				4	6	

	2	9	7		4			
4	8			1			2	7
5			2	6			9	
8		1	3			2		
	4	2			9	8	1	
7				8		6		5
			8	5	1	9	3	
	1	5		9			4	2
	6				3		5	

42

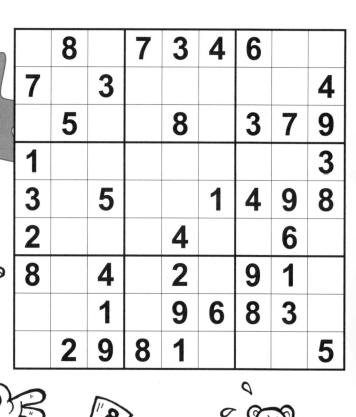

43

8	1			6	3		7	
5	7	2		9				1
	6		7	5			9	
		8		1		7		4
7	3	5	6			2		
9					2		3	8
			9	2		1		
2		4			7		8	6
	9			4		6	2	3

44

	8		7	3	4	6		
7		3						4
	5			8		3	7	9
1								3
3		5			1	4	9	8
2				4			6	
8		4		2		9	1	
		1		9	6	8	3	
	2	9	8	1				5

45

5		2		8	7	6		
			2			7	3	8
7			3		6	5	2	
	4	7			9	1		
3				5		4		2
1		9	4				6	
6	2	3	1	7				
	1	4			2			6
	7			3			8	1

46

1		2			9		7	3
		3	1			8	6	5
6	5		7					
	3	7		9		5		
			3		4	7	9	
4				5	7		2	8
	9		4	8				7
7	4			1	5			
5	2				3	1		4

GRRR

	8	3	1		9			
2	6	7					1	
9	5				6			3
8			6	7	1		3	2
			2		8	1		6
1		6	5	9		7		
				6	7	3	4	1
	7		3			2	5	
		4	9	5		8		

47

48

4	3	5		1			9	
2				5	9	6	4	1
6				4	7			8
					1		8	7
9	1	3		8		5		
	8	4	5					9
	5			2			6	
8	4		6			2		5
	2	6	4		5		7	

49

	8	3			2		4	
1				7	5		6	8
6					4		3	9
			9	5		8		3
	6		2					
3	2	8			1		9	
			4			9	5	6
2	5	9			3	4		1
	4	6	5				3	8

50

8			1					5
		6	8	3	7		2	1
	9	2			6		8	3
5	1			6		8		4
	7		5			2	6	
	6	8			4			7
			2	8			9	
	8	1		7		4		
6	2	3	9		5			

51

5	8	1					7	9
9				5	1			
7		4			8	2	5	
		3	1			7	2	8
	3		5		4		1	
	7	9		2				5
		2	4			5		7
4		6	2	9				3
3			1		5	6	4	

52

	4			3		2		5
6	8		9	1			7	
		7	2		6		8	
	9	1	7		2		4	
7	3			9			2	8
		6	1		3			9
9							3	4
	6	3	4	7		8	1	
2				6	8	5		

53

	7			5	1		6	3
5	6		9					8
		8	6				4	5
	5	1		9	2		8	
4			1			3		
6			3		8			9
				3		2	9	6
7		6	2			4	5	
9	4	2			6	8		7

54

	2	3		5		4		
1				6	5			7
9			1	8			2	3
		8	9		2			
2		9		6	1		8	
	6		5	3			4	9
8	7				9	5		
		5		4	7	8		1
	1	6			5		7	2

			2	6	1	7		
	9					1	4	6
		7	8			3		2
5		4	3				6	1
3				5	6	4	9	
1				8	7			5
8	4	6		7				
	2		5	4			7	8
	3	5	6		8		2	

55

56

6	9	2		1				
3		4	2	7	9		1	
1	7				3	2	5	
	1		6	8		9	4	
7	6		3		4		8	5
	4	5		9				
		1	9			7		
	3	6	7	5				4
				3			9	1

57

9		8			5		6	3
	3				2	4		9
5		4		9	3	2		
						1	4	7
		6				5	8	2
1	8	7			4		9	
	9	2	1	4		6		
4			2	5	9		7	
8	1		3	6				

58

	8		9	3	7			2
2					4	9		3
		3	6	5			4	8
8		1				6		
5		2		4	3			1
7	3			8	6		2	5
	9		3				8	
		8			5	1		
1	7	4		6	8			

59

		1			5	4		6
	8	5	4			7		
4	2		6	1	7			
	4	6		7			2	1
		9	5	4				7
2		8			3		4	5
9	6						7	
		7			4	6	5	
3			8	2	6			4

60

	8		7	4		1		
7			8	1	3	2		
		1	5				9	8
9	1	3			7		8	2
2	5				1	4		
	7		2	5				3
4	3			8			7	
		7	6			8	5	9
		9	1		5		2	

61

	9					8	3	4	
6			4					1	8
		8	5			7		
	5	9	7	8				
			1			9		4
3					2	1	8	
8		3		5	1			
5	7				6			1
	6			4			5	3

62

3						4		5
		8		7		9		1
	6		1	5	4			
		6			7	2	9	
	5	4		2				
		7	4			8		6
6	1		8		5		2	9
			2			6		
9	8				1	5		3

63

7				3	5			
	3				9		1	5
		8	7			6	3	
		7			2		5	
9					7	1		4
6	5		3	8		2		
		5		7	8			
	8	9	1					7
	7			9			4	1

64

		9			7	4		3
	1	3					5	7
6	7				3			8
					5	6	8	4
					1	3		
3		5	6	9	4		7	
4			1	6		5		
	6		4		9			
1	9	8	3					

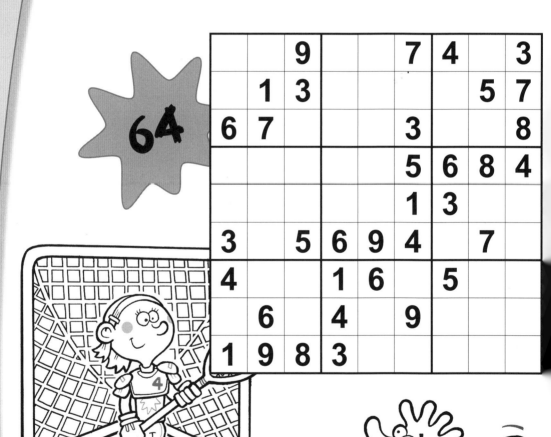

65

	1		6			7	2	
6		9		3		1	8	
	7			8				6
4				6		8		2
	3	2	8		9			5
7				2	5		3	
5	4		3				7	
	2				6	3		
		1	4	7				

66

2		3			1		8	
			9	8				
7		1	3			9	2	
				4	6			8
	5	2		3		4		
4	3		1	8		2		
			7			8	6	3
1		8		4	2	7		
		9	8			2		

67

		2	8		4			
	9			1	5		4	
4			6		7			5
9		8		3		6		
	6		1		9	2		
7	2	1		6		4		
			2	5	3		1	
	7					3	2	4
		9					8	

68

		9	1				3	
			3			6	5	8
2		8			7			
4	5			8				2
			6		5			4
		6		7		5	8	
	4				1	8	2	
1	2				6	4		5
	8		4	5			1	

69

			8	4	2			9
		9		3	6			2
	6						4	5
5				6		9	7	
8	3		7		9		6	
7	9			8	4	3		
			4		8		2	
		8	3	7		1		
9	5	3						

70

	5			8		2	4	
7	6	4		2		8		
	9			4	6		3	
			8		5	7		
2	4	9		6				
		8	2		4		9	
3	8		9					5
4		5			3		7	
						3		2

71

3				2	4	5		
		5		7			6	
	4	8		9			3	
		6		3	5			7
	6	7			8			4
9			4	5			8	
8			7			9		
4	1	9			6		7	
			2	4				5

72

6	3	9		2			8	
2		7	6	9				
5	8					9		6
	1		2					5
8	6				7	1		
			8	5			7	
		4		7				8
9					2		6	4
		6	8			7	3	9

73

	6	8		3	7			4
3			1					
9						7		1
	9			8			1	5
5			9		4		2	
7				2		9		
		4			6	2	7	9
			8	1		4	5	
2		3	4			1		

74

			1		8		2	5
			5	2			6	
		5			9			1
4	8		7		2	5		
	6				5	2		8
5		2	9	8				
			4	7			1	
1	4					8	5	
2		3		5				4

75

		5	1	8	6			
		6		5		3	4	1
1	9	7		4				5
6			5			4	2	
9	5	2						6
4					2	8		
	8		6		7		9	
	1		4			7		
	6	9		2				

76

5	4			6	9			
7			2		1			9
				4		6	1	5
	1			6				4
9		3		8			7	6
6	7		1	9	5			
		5				9	3	
		7		1		2		
	9	8	5	3				

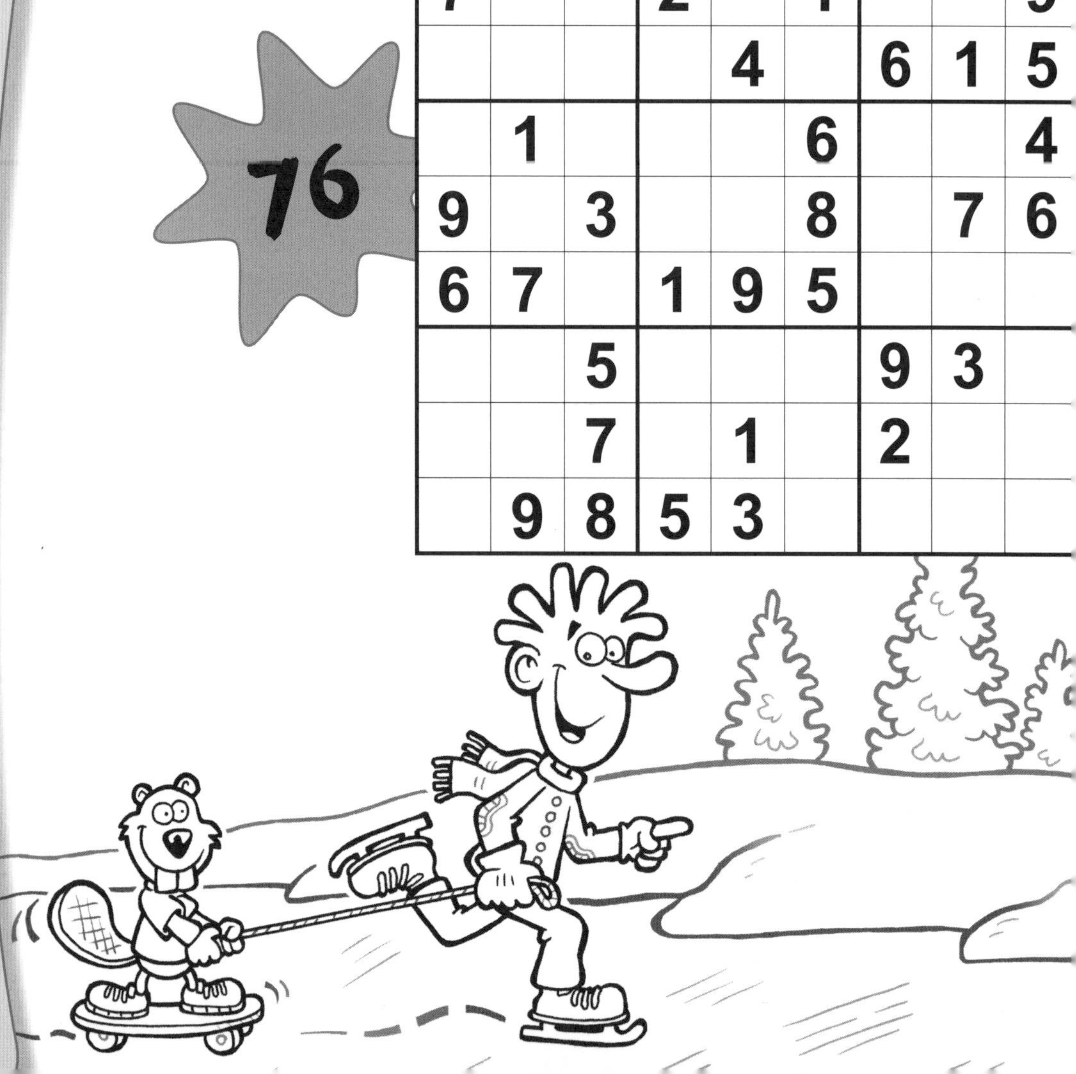

77

			5	3				9
	9			4	7	3		5
				2			7	6
8			4		5			3
4	2	6					5	7
	5		7		2		8	
	1					6		
		2		7	9		4	
5	4	9	8	1				

78

	8		4	2		5		
7	1	5	8					
	6					7		3
9	7			1		6		
8			7	9	4			
			8	6		4	7	
2		7				5	1	
			1	9		4		8
		8		2	6	7		

		7		9			8	3
	9	4	8	7				
8	2					7		9
	6				8		4	
4	3			2				
			5		7	3	6	8
		3			6			
1			9		4			5
5		9			1		7	6

79

3	4			9			5	
6	9	2						
	5		4	8			2	9
		6			4			2
9		5		3		8		
			8		9	7		5
				1	5		7	
5		9				2	1	6
		1	2		7		9	

80

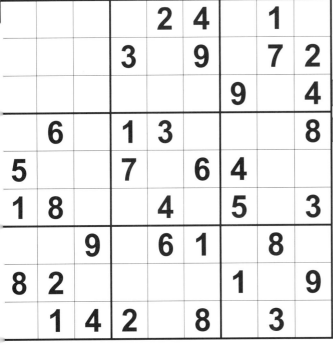

81

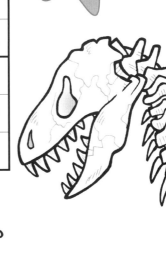

	4		7			9		
7		8		5		3	1	
	1		2			6	7	
1		6					4	
	5				1		2	3
				7			6	9
2	8	4						6
	6	1	8	2	5			
				9	6	2		1

82

				2	4		1	
			3		9		7	2
						9		4
	6		1	3				8
5			7		6	4		
1	8			4		5		3
		9		6	1		8	
8	2					1		9
	1	4	2		8		3	

83

7			5	8		3		
		8	9				7	5
	3	9				2		4
4	7				1		3	9
1					9			
			4	6			2	7
9		3				7		2
	2		7		5			
	4	7	1		3	9		

84

		9		3	6			5
		5	2	7	4	9		
6	3	7						2
	6		1	9			5	
3	7		6		8			
5	9			2		7		
	5				1	3		
		9					1	7
7		6					9	

85

4			9	1		5		6
	9			5			3	
			3		6	9		
7		8			1		4	
9	2			6	3			
		4	7	9		6	1	
8		5			4			
	3		2		5		6	7
6							5	

86

	7				5	2	4	
	3	8		4		9		6
5	4	6						
			4				3	
	9			3	2	8	7	
8				5		4		
1	6			8	4			7
3			5	7			6	
	7					3		9

87

		4	9			7	6	
	1	2			4	8	5	
5	9	7	2		8	4		
		1	5	3		2		
7			8				3	
	5	8						7
2	4	5	9				7	
9	7			1		6		
					3			

88

4	3	5	1					
9		2					1	4
6	1		4				3	
2		7	9			6		
				2	4			8
			6	5			2	7
			4			6		1
	8	9	5		6			
	6			3	1	5		

89

		6				5	1	3
			4		5		8	
5			6		1			
	3	7		6	4			1
			2			6		
	2	4	8			7	3	
4				5	6	1	7	
7	1					2	3	
9			1					2

90

			8			4	6	
		9	6		4		3	
	5		1			8	7	
			7		5	3		
5	9	3						2
	2		8			5	1	
3		2	4		1	9		8
9	8	4			3			
			9			6		3

1

1	2	6	8	3	4	9	5	7
3	8	5	7	9	2	4	1	6
7	4	9	6	1	5	2	3	8
2	6	1	9	5	8	7	4	3
8	9	7	3	4	6	1	2	5
5	3	4	1	2	7	6	8	9
9	7	3	4	8	1	5	6	2
4	5	8	2	6	9	3	7	1
6	1	2	5	7	3	8	9	4

2

3	9	8	4	1	6	7	5	2
2	4	7	9	3	5	6	1	8
6	1	5	8	7	2	3	9	4
5	6	9	2	8	7	4	3	1
7	3	2	5	4	1	9	8	6
4	8	1	3	6	9	5	2	7
8	2	6	7	5	3	1	4	9
1	5	4	6	9	8	2	7	3
9	7	3	1	2	4	8	6	5

3

9	6	4	8	3	2	5	1	7
7	8	1	6	5	4	3	2	9
2	5	3	1	7	9	4	8	6
5	9	2	3	6	8	1	7	4
1	4	8	7	2	5	9	6	3
3	7	6	4	9	1	2	5	8
6	1	7	2	4	3	8	9	5
4	2	9	5	8	6	7	3	1
8	3	5	9	1	7	6	4	2

4

9	4	8	5	6	3	7	2	1
6	2	5	7	1	8	9	4	3
1	3	7	9	2	4	6	8	5
5	6	2	3	7	9	4	1	8
8	9	3	4	5	1	2	7	6
4	7	1	6	8	2	3	5	9
3	1	6	8	4	7	5	9	2
2	5	4	1	9	6	8	3	7
7	8	9	2	3	5	1	6	4

5

8	7	3	4	1	9	6	2	5
5	1	2	8	6	7	9	3	4
4	6	9	5	3	2	8	7	1
3	9	8	6	7	4	5	1	2
6	4	5	1	2	3	7	8	9
7	2	1	9	8	5	4	6	3
2	5	7	3	4	8	1	9	6
9	3	6	7	5	1	2	4	8
1	8	4	2	9	6	3	5	7

6

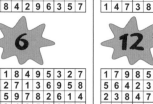

6	1	8	4	9	5	3	2	7
4	2	7	1	3	6	9	5	8
3	5	9	7	8	2	6	1	4
8	9	4	3	5	1	2	7	6
2	7	5	9	6	4	1	8	3
1	3	6	8	2	7	4	9	5
5	6	1	2	4	8	7	3	9
7	8	3	6	1	9	5	4	2
9	4	2	5	7	3	8	6	1

7

3	4	9	7	5	8	6	1	2
7	6	8	2	1	3	5	4	9
2	1	5	9	6	4	7	3	8
6	3	4	1	8	5	9	2	7
1	8	2	3	7	9	4	6	5
9	5	7	4	2	6	3	8	1
4	9	1	5	3	2	8	7	6
5	2	6	8	4	7	1	9	3
8	7	3	6	9	1	2	5	4

8

5	6	4	3	1	7	2	9	8
1	2	3	5	9	8	7	6	4
7	8	9	4	6	2	1	5	3
4	3	7	2	5	6	8	1	9
8	5	1	7	3	9	4	2	6
6	9	2	8	4	1	5	3	7
9	4	6	1	7	5	3	8	2
2	7	5	6	8	3	9	4	1
3	1	8	9	2	4	6	7	5

9

3	5	6	9	8	1	4	7	2
8	9	7	5	4	2	6	3	1
4	2	1	3	7	6	5	8	9
6	1	8	7	3	4	2	9	5
5	7	2	1	9	8	3	4	6
9	3	4	6	2	5	8	1	7
1	8	3	2	6	9	7	5	4
7	6	9	4	5	3	1	2	8
2	4	5	8	1	7	9	6	3

10

9	8	6	3	2	4	5	7	1
3	2	4	1	7	5	9	6	8
1	7	5	9	8	6	2	3	4
8	4	3	5	6	2	7	1	9
7	9	1	4	3	8	6	2	5
6	5	2	7	1	9	8	4	3
4	3	8	6	5	7	1	9	2
2	6	9	8	4	1	3	5	7
5	1	7	2	9	3	4	8	6

11

3	7	1	8	5	6	4	2	9
9	2	4	1	7	3	5	8	6
5	8	6	2	4	9	7	3	1
4	6	2	5	3	1	9	7	8
7	9	3	4	6	8	2	1	5
8	1	5	9	2	7	3	6	4
2	3	9	6	1	4	8	5	7
6	5	8	7	9	2	1	4	3
1	4	7	3	8	5	6	9	2

12

1	7	9	8	5	6	4	2	3
5	6	4	2	3	1	9	8	7
2	3	8	4	7	9	5	6	1
3	1	5	6	8	4	2	7	9
4	8	6	7	9	2	3	1	5
9	2	7	3	1	5	6	4	8
6	9	3	1	4	7	8	5	2
7	5	2	9	6	8	1	3	4
8	4	1	5	2	3	7	9	6

13

6	1	2	7	5	3	4	9	8
8	7	3	1	4	9	2	6	5
4	9	5	8	2	6	3	1	7
9	4	8	6	1	2	5	7	3
2	5	1	3	9	7	8	4	6
3	6	7	5	8	4	1	2	9
5	8	4	9	6	1	7	3	2
1	3	6	2	7	5	9	8	4
7	2	9	4	3	8	6	5	1

14

8	4	9	1	6	3	2	5	7
5	7	2	4	8	9	6	1	3
6	1	3	2	5	7	4	9	8
7	2	5	6	4	8	1	3	9
1	3	4	9	7	5	8	6	2
9	8	6	3	2	1	7	4	5
3	5	7	8	1	6	9	2	4
2	6	8	5	9	4	3	7	1
4	9	1	7	3	2	5	8	6

15

9	2	4	3	6	7	1	8	5
7	1	8	5	4	2	6	9	3
6	3	5	8	1	9	4	7	2
2	8	9	6	7	1	3	5	4
1	6	3	9	5	4	8	2	7
5	4	7	2	8	3	9	1	6
3	7	1	4	2	8	5	6	9
4	5	2	1	9	6	7	3	8
8	9	6	7	3	5	2	4	1

16

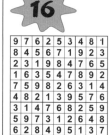

9	7	6	2	5	3	4	8	1
8	4	5	6	7	1	9	2	3
2	3	1	9	8	4	7	6	5
1	6	3	5	4	7	8	9	2
7	5	9	8	2	6	3	1	4
4	8	2	1	3	9	5	7	6
3	1	4	7	6	8	2	5	9
5	9	7	3	1	2	6	4	8
6	2	8	4	9	5	1	3	7

17

4	5	2	6	7	8	1	3	9
1	8	7	9	3	5	6	2	4
3	6	9	4	2	1	7	5	8
9	3	4	1	5	7	8	6	2
8	7	1	2	9	6	5	4	3
6	2	5	3	8	4	9	1	7
7	1	8	5	4	3	2	9	6
5	9	3	8	6	2	4	7	1
2	4	6	7	1	9	3	8	5

18

2	5	8	3	7	6	9	4	1
9	4	3	2	8	1	6	5	7
1	6	7	4	9	5	8	2	3
8	7	2	5	6	4	1	3	9
5	9	1	8	2	3	4	7	6
4	3	6	7	1	9	2	8	5
7	1	4	6	5	2	3	9	8
6	2	5	9	3	8	7	1	4
3	8	9	1	4	7	5	6	2

19

3	4	9	8	2	1	7	5	6
1	2	5	4	7	6	9	3	8
8	7	6	9	3	5	1	2	4
2	6	3	7	9	8	5	4	1
7	5	1	6	4	2	3	8	9
4	9	8	5	1	3	6	7	2
9	8	2	1	5	7	4	6	3
5	3	4	2	6	9	8	1	7
6	1	7	3	8	4	2	9	5

20

7	5	1	2	3	8	9	6	4
8	6	9	7	4	1	3	2	5
4	2	3	5	9	6	8	1	7
1	3	5	9	7	4	2	8	6
9	4	2	8	6	5	1	7	3
6	7	8	1	2	3	5	4	9
2	8	4	3	5	7	6	9	1
5	9	6	4	1	2	7	3	8
3	1	7	6	8	9	4	5	2

21

4	9	5	7	2	6	1	3	8
3	2	6	1	4	8	5	9	7
8	1	7	5	3	9	4	2	6
7	5	2	6	8	1	3	4	9
6	3	9	4	5	7	8	1	2
1	8	4	2	9	3	7	6	5
5	4	8	9	1	2	6	7	3
9	6	1	3	7	5	2	8	4
2	7	3	8	6	4	9	5	1

22

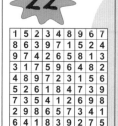

1	5	2	3	4	8	9	6	7
8	6	3	9	7	1	5	2	4
9	7	4	2	6	5	8	1	3
3	1	7	5	9	6	4	8	2
4	8	9	7	2	3	1	5	6
5	2	6	1	8	4	7	3	9
7	3	5	4	1	2	6	9	8
2	9	8	6	5	7	3	4	1
6	4	1	8	3	9	2	7	5

23

1	6	7	3	5	9	2	4	8
8	9	4	6	1	2	7	3	5
3	2	5	4	7	8	6	1	9
6	5	9	8	4	7	1	2	3
2	4	3	5	6	1	9	8	7
7	8	1	2	9	3	4	5	6
5	1	6	9	8	4	3	7	2
9	7	2	1	3	5	8	6	4
4	3	8	7	2	6	5	9	1

24

2	9	3	7	8	4	6	1	5
8	4	6	1	5	3	7	2	9
1	7	5	2	9	6	8	4	3
6	5	7	8	4	9	2	3	1
3	1	9	5	6	2	4	7	8
4	2	8	3	1	7	5	9	6
5	3	4	9	2	8	1	6	7
7	6	1	4	3	5	9	8	2
9	8	2	6	7	1	3	5	4

25

4	9	7	5	8	1	6	2	3
6	5	3	9	7	2	8	1	4
8	2	1	3	4	6	9	7	5
1	6	4	2	3	8	5	9	7
7	8	2	4	5	9	1	3	6
5	3	9	1	6	7	4	8	2
9	7	8	6	2	5	3	4	1
3	1	6	7	9	4	2	5	8
2	4	5	8	1	3	7	6	9

26

3	4	7	6	5	9	8	1	2
2	9	1	4	8	7	3	6	5
6	5	8	1	3	2	4	7	9
7	8	3	2	6	5	1	9	4
9	6	5	3	1	4	7	2	8
1	2	4	7	9	8	6	5	3
5	3	9	8	7	1	2	4	6
4	7	6	5	2	3	9	8	1
8	1	2	9	4	6	5	3	7

27

6	5	3	8	1	4	9	7	[illegible]
2	7	8	3	9	6	5	1	[illegible]
9	1	4	2	7	5	6	3	[illegible]
8	9	1	7	5	2	4	6	[illegible]
4	2	5	1	6	3	7	8	[illegible]
3	6	7	4	8	9	2	5	[illegible]
1	3	9	6	2	7	8	4	[illegible]
5	8	6	9	4	1	3	2	[illegible]
7	4	2	5	3	8	1	9	[illegible]

28

3	8	5	6	2	9	7	1	[illegible]
2	4	6	7	3	1	8	9	[illegible]
9	7	1	5	4	8	6	2	[illegible]
7	1	2	3	6	5	4	8	[illegible]
8	5	9	2	1	4	3	6	[illegible]
4	6	3	9	8	7	1	5	[illegible]
5	3	8	1	7	2	9	4	[illegible]
1	9	7	4	5	6	2	3	[illegible]
6	2	4	8	9	3	5	7	[illegible]

29

9	6	8	5	1	3	2	4	[illegible]
1	7	4	8	6	2	9	5	[illegible]
2	3	5	4	7	9	1	6	[illegible]
3	5	1	2	9	8	6	7	[illegible]
7	2	9	3	4	6	8	1	[illegible]
8	4	6	1	5	7	3	2	[illegible]
5	8	2	7	3	1	4	9	[illegible]
6	1	7	9	8	4	5	3	[illegible]
4	9	3	6	2	5	7	8	[illegible]

30

8	7	3	4	5	9	2	6	[illegible]
1	2	4	3	6	7	5	9	[illegible]
6	5	9	8	2	1	7	3	[illegible]
7	9	1	6	4	5	3	8	[illegible]
5	3	8	9	7	2	4	1	[illegible]
2	4	6	1	8	3	9	7	[illegible]
9	8	7	5	1	4	6	2	[illegible]
3	6	5	2	9	8	1	4	[illegible]
4	1	2	7	3	6	8	5	[illegible]

31

7	4	5	8	1	6	3	9	2
3	8	9	5	2	4	1	7	6
2	6	1	7	9	3	8	4	5
6	3	8	4	5	9	2	1	7
4	9	7	2	8	1	6	5	3
5	1	2	3	6	7	4	8	9
8	2	4	6	7	5	9	3	1
9	7	6	1	3	8	5	2	4
1	5	3	9	4	2	7	6	8

32

3	5	8	9	2	7	6	1	4
9	6	2	4	1	5	7	3	8
7	4	1	6	3	8	9	5	2
2	9	5	3	8	6	1	4	7
6	1	4	7	5	9	8	2	3
8	7	3	1	4	2	5	9	6
1	2	6	5	7	3	4	8	9
4	3	9	8	6	1	2	7	5
5	8	7	2	9	4	3	6	1

33

8	1	9	5	6	4	2	7	3
5	2	3	7	1	9	8	6	4
7	6	4	2	8	3	1	9	5
4	9	2	8	5	1	6	3	7
3	5	6	4	7	2	9	8	1
1	7	8	9	3	6	5	4	2
9	4	1	6	2	7	3	5	8
2	8	7	3	9	5	4	1	6
6	3	5	1	4	8	7	2	9

34

[illegible]	4	5	3	6	9	7	8	2
[illegible]	6	9	8	2	7	4	5	1
[illegible]	2	8	5	1	4	3	9	6
[illegible]	5	4	9	3	8	6	1	7
[illegible]	3	6	7	5	1	8	2	4
[illegible]	1	7	2	4	6	5	3	9
[illegible]	9	1	6	8	5	2	7	3
[illegible]	7	3	4	9	2	1	6	8
[illegible]	8	2	1	7	3	9	4	5

35

[illegible]	7	3	1	9	5	8	2	6
[illegible]	2	5	8	7	6	1	4	3
[illegible]	6	8	3	4	2	5	9	7
[illegible]	5	7	9	8	1	2	6	4
[illegible]	9	1	2	6	4	3	7	5
[illegible]	4	6	7	5	3	9	1	8
[illegible]	1	4	6	3	9	7	8	2
[illegible]	8	9	5	2	7	4	3	1
[illegible]	3	2	4	1	8	6	5	9

36

[illegible]	3	8	9	5	4	6	1	2
[illegible]	9	1	6	8	2	7	5	3
[illegible]	5	6	7	1	3	8	4	9
[illegible]	4	9	5	2	6	3	8	7
[illegible]	2	3	8	9	7	1	6	4
[illegible]	8	7	3	4	1	9	2	5
[illegible]	1	4	2	7	8	5	9	6
[illegible]	6	5	4	3	9	2	7	1
[illegible]	7	2	1	6	5	4	3	8

37

2	3	9	4	5	1	6	7	8
8	6	4	2	3	7	5	9	1
7	1	5	6	8	9	3	4	2
4	2	7	8	9	6	1	5	3
5	9	1	3	7	2	8	6	4
6	8	3	5	1	4	9	2	7
3	4	8	9	2	5	7	1	6
1	5	6	7	4	3	2	8	9
9	7	2	1	6	8	4	3	5

38

1	7	3	8	2	4	5	9	6
6	9	2	1	3	5	7	4	8
5	8	4	6	9	7	2	1	3
4	3	5	7	1	9	8	6	2
7	6	1	5	8	2	4	3	9
8	2	9	3	4	6	1	5	7
3	5	6	4	7	8	9	2	1
2	1	8	9	5	3	6	7	4
9	4	7	2	6	1	3	8	5

39

4	2	3	5	6	1	8	9	7
8	5	6	4	7	9	3	1	2
9	7	1	8	2	3	5	6	4
1	8	4	9	5	2	6	7	3
6	9	7	1	3	8	2	4	5
5	3	2	6	4	7	1	8	9
3	4	9	2	1	6	7	5	8
7	1	5	3	8	4	9	2	6
2	6	8	7	9	5	4	3	1

40

9	7	1	2	4	8	3	6	5
4	6	2	5	1	3	7	8	9
8	3	5	7	9	6	1	2	4
1	9	3	4	7	2	8	5	6
7	2	8	1	6	5	9	4	3
5	4	6	8	3	9	2	7	1
6	8	7	3	5	1	4	9	2
3	5	4	9	2	7	6	1	8
2	1	9	6	8	4	5	3	7

41

9	1	3	7	8	4	5	2	6
4	6	2	1	3	5	7	9	8
5	7	8	2	6	9	1	4	3
3	9	6	5	4	8	2	7	1
1	4	5	3	2	7	6	8	9
2	8	7	6	9	1	3	5	4
6	3	4	9	7	2	8	1	5
8	2	1	4	5	6	9	3	7
7	5	9	8	1	3	4	6	2

42

1	2	9	7	3	4	5	6	8
4	8	6	9	1	5	3	2	7
5	3	7	2	6	8	1	9	4
8	5	1	3	4	6	2	7	9
6	4	2	5	7	9	8	1	3
7	9	3	1	8	2	6	4	5
2	7	4	8	5	1	9	3	6
3	1	5	6	9	7	4	8	2
9	6	8	4	2	3	7	5	1

43

8	1	9	2	6	3	4	7	5
5	7	2	8	9	4	3	6	1
4	6	3	7	5	1	8	9	2
6	2	8	3	1	9	7	5	4
7	3	5	6	4	8	2	1	9
9	4	1	5	7	2	6	3	8
3	8	6	9	2	5	1	4	7
2	5	4	1	3	7	9	8	6
1	9	7	4	8	6	5	2	3

44

9	8	2	7	3	4	6	5	1
7	1	3	6	5	9	2	8	4
4	5	6	1	8	2	3	7	9
1	4	7	9	6	8	5	2	3
3	6	5	2	7	1	4	9	8
2	9	8	3	4	5	1	6	7
8	3	4	5	2	7	9	1	6
5	7	1	4	9	6	8	3	2
6	2	9	8	1	3	7	4	5

45

5	3	2	9	8	7	6	1	4
4	9	6	2	1	5	7	3	8
7	8	1	3	4	6	5	2	9
2	4	7	8	6	9	1	5	3
3	6	8	7	5	1	4	9	2
1	5	9	4	2	3	8	6	7
6	2	3	1	7	8	9	4	5
8	1	4	5	9	2	3	7	6
9	7	5	6	3	4	2	8	1

46

1	8	2	5	6	9	4	7	3
9	7	3	1	4	2	8	6	5
6	5	4	7	3	8	9	1	2
2	3	7	8	9	1	5	4	6
8	6	5	3	2	4	7	9	1
4	1	9	6	5	7	3	2	8
3	9	1	4	8	6	2	5	7
7	4	8	2	1	5	6	3	9
5	2	6	9	7	3	1	8	4

47

4	8	3	1	2	9	6	7	5
2	6	7	4	3	5	9	1	8
9	5	1	7	8	6	4	2	3
8	4	9	6	7	1	5	3	2
7	3	5	2	4	8	1	9	6
1	2	6	5	9	3	7	8	4
5	9	2	8	6	7	3	4	1
6	7	8	3	1	4	2	5	9
3	1	4	9	5	2	8	6	7

48

4	3	5	8	1	6	7	9	2
2	7	8	3	5	9	6	4	1
6	9	1	2	4	7	3	5	8
5	6	2	9	3	1	4	8	7
9	1	3	7	8	4	5	2	6
7	8	4	5	6	2	1	3	9
3	5	7	1	2	8	9	6	4
8	4	9	6	7	3	2	1	5
1	2	6	4	9	5	8	7	3

49

5	8	3	6	9	2	1	4	7
1	9	4	3	7	5	2	6	8
6	7	2	1	8	4	5	3	9
4	1	7	9	5	6	8	2	3
9	6	5	2	3	8	7	1	4
3	2	8	7	4	1	6	9	5
8	3	1	4	2	7	9	5	6
2	5	9	8	6	3	4	7	1
7	4	6	5	1	9	3	8	2

50

8	3	7	1	2	9	6	4	5
4	5	6	8	3	7	9	2	1
1	9	2	4	5	6	7	8	3
5	1	9	7	6	2	8	3	4
3	7	4	5	1	8	2	6	9
2	6	8	3	9	4	5	1	7
7	4	5	2	8	1	3	9	6
9	8	1	6	7	3	4	5	2
6	2	3	9	4	5	1	7	8

51

5	8	1	6	4	2	3	7	9
9	2	3	7	5	1	8	6	4
7	6	4	9	3	8	2	5	1
6	4	5	3	1	9	7	2	8
2	3	8	5	7	4	9	1	6
1	7	9	8	2	6	4	3	5
8	1	2	4	6	3	5	9	7
4	5	6	2	9	7	1	8	3
3	9	7	1	8	5	6	4	2

52

1	4	9	8	3	7	2	6	5
6	8	2	9	1	5	4	7	3
3	5	7	2	4	6	9	8	1
8	9	1	7	5	2	3	4	6
7	3	5	6	9	4	1	2	8
4	2	6	1	8	3	7	5	9
9	7	8	5	2	1	6	3	4
5	6	3	4	7	9	8	1	2
2	1	4	3	6	8	5	9	7

53

2	7	4	8	5	1	9	6	3
5	6	3	9	7	4	1	2	8
1	9	8	6	2	3	7	4	5
3	5	1	7	9	2	6	8	4
4	8	9	1	6	5	3	7	2
6	2	7	3	4	8	5	1	9
8	1	5	4	3	7	2	9	6
7	3	6	2	8	9	4	5	1
9	4	2	5	1	6	8	3	7

54

6	2	3	7	5	9	4	1	8
1	8	4	3	2	6	5	9	7
9	5	7	1	8	4	6	2	3
5	4	8	9	7	2	1	3	6
2	3	9	4	6	1	7	8	5
7	6	1	5	3	8	2	4	9
8	7	2	6	1	3	9	5	4
3	9	5	2	4	7	8	6	1
4	1	6	8	9	5	3	7	2

55

4	5	3	2	6	1	7	8	9
2	9	8	7	3	5	1	4	6
6	1	7	8	9	4	3	5	2
5	7	4	3	2	9	8	6	1
3	8	2	1	5	6	4	9	7
1	6	9	4	8	7	2	3	5
8	4	6	9	7	2	5	1	3
9	2	1	5	4	3	6	7	8
7	3	5	6	1	8	9	2	4

56

6	9	2	5	1	8	4	7	3
3	5	4	2	7	9	6	1	8
1	7	8	4	6	3	2	5	9
2	1	3	6	8	5	9	4	7
7	6	9	3	2	4	1	8	5
8	4	5	1	9	7	3	6	2
5	8	1	9	4	2	7	3	6
9	3	6	7	5	1	8	2	4
4	2	7	8	3	6	5	9	1

57

9	2	8	4	1	5	7	6	3
6	3	1	7	8	2	4	5	9
5	7	4	6	9	3	2	1	8
2	5	9	8	3	6	1	4	7
3	4	6	9	7	1	5	8	2
1	8	7	5	2	4	3	9	6
7	9	2	1	4	8	6	3	5
4	6	3	2	5	9	8	7	1
8	1	5	3	6	7	9	2	4

58

4	8	6	9	3	7	5	1	2
2	5	7	8	1	4	9	6	3
9	1	3	6	5	2	7	4	8
8	4	1	5	2	9	6	3	7
5	6	2	7	4	3	8	9	1
7	3	9	1	8	6	4	2	5
6	9	5	3	7	1	2	8	4
3	2	8	4	9	5	1	7	6
1	7	4	2	6	8	3	5	9

59

7	9	1	2	8	5	4	3	6
6	8	5	4	3	9	7	1	2
4	2	3	6	1	7	5	8	9
5	4	6	9	7	8	3	2	1
1	3	9	5	4	2	8	6	7
2	7	8	1	6	3	9	4	5
9	6	4	3	5	1	2	7	8
8	1	2	7	9	4	6	5	3
3	5	7	8	2	6	1	9	4

60

5	8	2	7	4	9	1	3	6
7	9	6	8	1	3	2	4	5
3	4	1	5	2	6	7	9	8
9	1	3	4	6	7	5	8	2
2	5	8	3	9	1	4	6	7
6	7	4	2	5	8	9	1	3
4	3	5	9	8	2	6	7	1
1	2	7	6	3	4	8	5	9
8	6	9	1	7	5	3	2	4

61

7	9	5	2	1	8	3	4	6
6	3	2	4	7	9	5	1	8
4	1	8	5	6	3	7	2	9
1	5	9	7	8	4	6	3	2
2	8	6	1	3	5	9	7	4
3	4	7	6	9	2	1	8	5
8	2	3	9	5	1	4	6	7
5	7	4	3	2	6	8	9	1
9	6	1	8	4	7	2	5	3

62

3	2	1	6	9	8	4	7	5
5	4	8	3	7	2	9	6	1
7	6	9	1	5	4	3	8	2
1	3	6	5	8	7	2	9	4
8	5	4	9	2	6	1	3	7
2	9	7	4	1	3	8	5	6
6	1	3	8	4	5	7	2	9
4	7	5	2	3	9	6	1	8
9	8	2	7	6	1	5	4	3

63

7	1	6	2	3	5	4	9	8
2	3	4	8	6	9	7	1	5
5	9	8	7	4	1	6	3	2
8	4	7	9	1	2	3	5	6
9	2	3	6	5	7	1	8	4
6	5	1	3	8	4	2	7	9
1	6	5	4	7	8	9	2	3
4	8	9	1	2	3	5	6	7
3	7	2	5	9	6	8	4	1

64

2	5	9	8	1	7	4	6	3
8	1	3	9	4	6	2	5	7
6	7	4	5	2	3	9	1	8
9	2	1	7	3	5	6	8	4
7	4	6	2	8	1	3	9	5
3	8	5	6	9	4	1	7	2
4	3	7	1	6	8	5	2	9
5	6	2	4	7	9	8	3	1
1	9	8	3	5	2	7	4	6

65

8	1	4	6	5	7	2	9	3
6	5	9	2	3	4	1	8	7
2	7	3	9	8	1	4	5	6
4	9	5	7	6	3	8	1	2
1	3	2	8	4	9	7	6	5
7	8	6	1	2	5	9	3	4
5	4	8	3	9	2	6	7	1
9	2	7	5	1	6	3	4	8
3	6	1	4	7	8	5	2	9

66

2	9	3	4	7	1	5	8	6
6	4	5	2	9	8	3	7	1
7	8	1	6	3	5	4	9	2
9	1	7	5	2	4	6	3	8
8	5	2	9	6	3	1	4	7
4	3	6	1	8	7	9	2	5
5	2	4	7	1	9	8	6	3
1	6	8	3	4	2	7	5	9
3	7	9	8	5	6	2	1	4

67

5	1	2	8	9	4	7	6	3
6	9	7	3	1	5	8	4	2
4	8	3	6	2	7	1	9	5
9	5	8	4	3	2	6	7	1
3	6	4	1	7	9	2	5	8
7	2	1	5	6	8	4	3	9
8	4	6	2	5	3	9	1	7
1	7	5	9	8	6	3	2	4
2	3	9	7	4	1	5	8	6

68

5	6	9	1	4	8	2	3	7
7	1	4	3	2	9	6	5	8
2	3	8	5	6	7	1	4	9
4	5	1	9	8	3	7	6	2
8	7	2	6	1	5	3	9	4
3	9	6	2	7	4	5	8	1
9	4	5	7	3	1	8	2	6
1	2	3	8	9	6	4	7	5
6	8	7	4	5	2	9	1	3

69

1	7	5	8	4	2	6	3	9
4	8	9	5	3	6	7	1	2
3	6	2	9	1	7	8	4	5
5	2	4	1	6	3	9	7	8
8	3	1	7	5	9	2	6	4
7	9	6	2	8	4	3	5	1
6	1	7	4	9	8	5	2	3
2	4	8	3	7	5	1	9	6
9	5	3	6	2	1	4	8	7

70

1	5	3	7	8	9	2	4	6
7	6	4	3	2	1	8	5	9
8	9	2	5	4	6	1	3	7
6	3	1	8	9	5	7	2	4
2	4	9	1	6	7	5	8	3
5	7	8	2	3	4	6	9	1
3	8	6	9	7	2	4	1	5
4	2	5	6	1	3	9	7	8
9	1	7	4	5	8	3	6	2

71

3	7	1	8	6	2	4	5	9
2	9	5	3	7	4	1	6	8
6	4	8	1	9	5	7	3	2
1	8	4	6	2	3	5	9	7
5	6	7	9	1	8	3	2	4
9	2	3	4	5	7	6	8	1
8	5	2	7	3	1	9	4	6
4	1	9	5	8	6	2	7	3
7	3	6	2	4	9	8	1	5

72

6	3	9	5	2	1	4	8	7
2	4	7	6	9	8	3	5	1
5	8	1	7	4	3	9	2	6
7	1	3	2	6	9	8	4	5
8	6	5	4	3	7	1	9	2
4	9	2	1	8	5	6	7	3
3	5	4	9	7	6	2	1	8
9	7	8	3	1	2	5	6	4
1	2	6	8	5	4	7	3	9

73

1	6	8	2	3	7	5	9	4
3	4	7	1	9	5	8	6	2
9	2	5	6	4	8	7	3	1
4	9	2	7	8	3	6	1	5
5	8	1	9	6	4	3	2	7
7	3	6	5	2	1	9	4	8
8	1	4	3	5	6	2	7	9
6	7	9	8	1	2	4	5	3
2	5	3	4	7	9	1	8	6

74

6	9	7	1	3	8	4	2	5
8	1	4	5	2	7	9	6	3
3	2	5	6	4	9	7	8	1
4	8	1	7	6	2	5	3	9
7	6	9	3	1	5	2	4	8
5	3	2	9	8	4	1	7	6
9	5	8	4	7	6	3	1	2
1	4	6	2	9	3	8	5	7
2	7	3	8	5	1	6	9	4

75

3	4	5	1	8	6	9	7	2
8	2	6	7	5	9	3	4	1
1	9	7	2	4	3	6	8	5
6	7	8	5	3	1	4	2	9
9	5	2	8	7	4	1	3	6
4	3	1	9	6	2	8	5	7
5	8	4	6	1	7	2	9	3
2	1	3	4	9	5	7	6	8
7	6	9	3	2	8	5	1	4

76

5	4	1	8	6	9	7	2	3
7	3	6	2	5	1	8	4	9
2	8	9	7	4	3	6	1	5
8	1	2	3	7	6	5	9	4
9	5	3	4	2	8	1	7	6
6	7	4	1	9	5	3	8	2
4	2	5	6	8	7	9	3	1
3	6	7	9	1	4	2	5	8
1	9	8	5	3	2	4	6	7

77

7	6	4	5	3	1	8	2	9
2	9	8	6	4	7	3	1	5
1	3	5	9	2	8	4	7	6
8	7	1	4	9	5	2	6	3
4	2	6	1	8	3	9	5	7
9	5	3	7	6	2	1	8	4
3	1	7	2	5	4	6	9	8
6	8	2	3	7	9	5	4	1
5	4	9	8	1	6	7	3	2

78

3	8	9	4	2	7	5	1	6
7	1	5	8	6	3	2	9	4
4	6	2	9	5	1	7	8	3
9	7	4	3	1	5	8	6	2
8	2	6	7	9	4	1	3	5
5	3	1	2	8	6	9	4	7
2	9	7	6	4	8	3	5	1
6	5	3	1	7	9	4	2	8
1	4	8	5	3	2	6	7	9

79

6	5	7	1	9	2	4	8	3
3	9	4	8	7	5	6	2	1
8	2	1	4	6	3	7	5	9
7	6	5	3	1	8	9	4	2
4	3	8	6	2	9	5	1	7
9	1	2	5	4	7	3	6	8
2	8	3	7	5	6	1	9	4
1	7	6	9	8	4	2	3	5
5	4	9	2	3	1	8	7	6

80

3	4	8	6	9	2	1	5	7
6	9	2	5	7	1	4	8	3
1	5	7	4	8	3	6	2	9
7	8	6	1	5	4	9	3	2
9	2	5	7	3	6	8	4	1
4	1	3	8	2	9	7	6	5
2	6	4	9	1	5	3	7	8
5	7	9	3	4	8	2	1	6
8	3	1	2	6	7	5	9	4

81

6	4	3	7	1	8	9	5	2
7	2	8	6	5	9	3	1	4
5	1	9	2	4	3	6	7	8
1	9	6	3	8	2	7	4	5
4	5	7	9	6	1	8	2	3
8	3	2	5	7	4	1	6	9
2	8	4	1	3	7	5	9	6
9	6	1	8	2	5	4	3	7
3	7	5	4	9	6	2	8	1

82

9	7	5	8	2	4	3	1	6
6	4	1	3	5	9	8	7	2
2	3	8	6	1	7	9	5	4
4	6	2	1	3	5	7	9	8
5	9	3	7	8	6	4	2	1
1	8	7	9	4	2	5	6	3
3	5	9	4	6	1	2	8	7
8	2	6	5	7	3	1	4	9
7	1	4	2	9	8	6	3	5

83

7	6	4	5	8	2	3	9	1
2	1	8	9	3	4	6	7	5
5	3	9	6	1	7	2	8	4
4	7	6	2	5	1	8	3	9
1	8	2	3	7	9	5	4	6
3	9	5	4	6	8	1	2	7
9	5	3	8	4	6	7	1	2
8	2	1	7	9	5	4	6	3
6	4	7	1	2	3	9	5	8

84

2	4	9	8	3	6	1	7	5
1	8	5	2	7	4	9	3	6
6	3	7	5	1	9	4	8	2
4	6	2	1	9	7	8	5	3
3	7	1	6	5	8	2	4	9
5	9	8	4	2	3	7	6	1
9	5	4	7	6	1	3	2	8
8	2	3	9	4	5	6	1	7
7	1	6	3	8	2	5	9	4

85

4	8	3	9	1	2	5	7	6
2	9	6	8	5	7	1	3	4
5	1	7	3	4	6	9	2	8
7	6	8	5	2	1	3	4	9
9	2	1	4	6	3	7	8	5
3	5	4	7	9	8	6	1	2
8	7	5	6	3	4	2	9	1
1	3	9	2	8	5	4	6	7
6	4	2	1	7	9	8	5	3

86

9	1	7	8	6	5	2	4	3
2	3	8	7	4	1	9	5	6
5	4	6	9	2	3	7	1	8
7	5	1	4	9	8	6	3	2
6	9	4	1	3	2	8	7	5
8	2	3	6	5	7	4	9	1
1	6	9	3	8	4	5	2	7
3	8	2	5	7	9	1	6	4
4	7	5	2	1	6	3	8	9

87

8	3	4	1	9	5	7	6	2
6	1	2	3	7	4	8	5	9
5	9	7	2	6	8	4	1	3
4	6	1	5	3	7	2	9	8
7	2	9	8	4	1	5	3	6
3	5	8	6	2	9	1	4	7
2	4	5	9	8	6	3	7	1
9	7	3	4	1	2	6	8	5
1	8	6	7	5	3	9	2	4

88

4	3	5	1	2	8	7	9	[illegible]
9	7	2	6	5	3	8	1	[illegible]
6	1	8	4	9	7	2	3	[illegible]
2	5	7	9	8	4	1	6	[illegible]
3	9	6	7	1	2	4	5	[illegible]
8	4	1	3	6	5	9	2	[illegible]
5	2	3	8	4	9	6	7	[illegible]
1	8	9	5	7	6	3	4	[illegible]
7	6	4	2	3	1	5	8	[illegible]

89

2	4	6	7	9	8	5	1	[illegible]
3	7	1	4	2	5	9	8	[illegible]
5	9	8	6	3	1	4	2	[illegible]
8	3	7	5	6	4	2	9	[illegible]
1	5	9	2	7	3	6	4	[illegible]
6	2	4	8	1	9	7	3	[illegible]
4	8	2	3	5	6	1	7	[illegible]
7	1	5	9	8	2	3	6	[illegible]
9	6	3	1	4	7	8	5	[illegible]

90

2	3	1	9	8	7	4	6
8	7	9	5	6	4	2	3
4	5	6	3	1	2	8	7
1	4	8	7	2	5	3	9
5	9	3	1	4	6	7	8
6	2	7	8	3	9	5	1
3	6	2	4	7	1	9	5
9	8	4	6	5	3	1	2
7	1	5	2	9	8	6	4